Valentin

ALPHABET DES ANIMAUX

TELORY.   SUTON.

DELARUE, LIBRAIRE ÉDITEUR

LA FOSSE AUX OURS

NOUVEL ALPHABET

DES ANIMAUX

contenant.

DES ALPHABETS DE DIFFÉRENTS CARACTÈRES

DES MOTS D'UNE, DEUX, TROIS, QUATRE, CINQ ET SIX SYLLABES,

DES PHRASES EN GROS CARACTÈRES ET FACILES A ÉPELER,

la description

DES

ANIMAUX QUADRUPÈDES LES PLUS REMARQUABLES

un Traité d'Arithmétique.

des modèles de Lettres et de Compliments, des Fables,

Contes, etc., etc,

PAR VALENTIN.

Édition ornée d'un grand nombre de gravures.

PARIS

DELARUE, LIBRAIRE-ÉDITEUR,

3, rue des Grands-Augustins.

1864

PARIS. — IMP. DE V^{or} GOUPY ET Cie

5, rue Garancière, 5.

A | B

C | D

E | F

G | H

I J | K

L | M

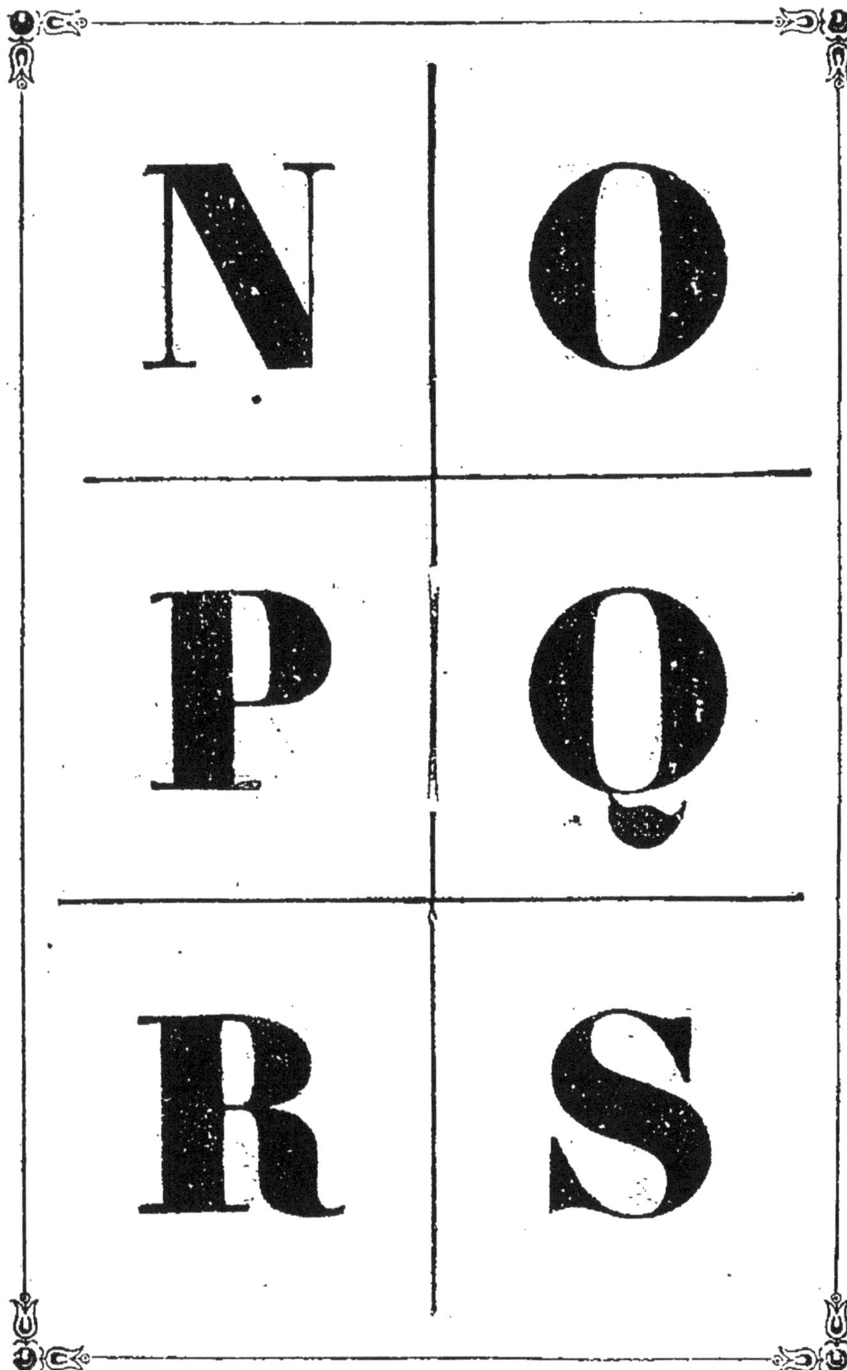

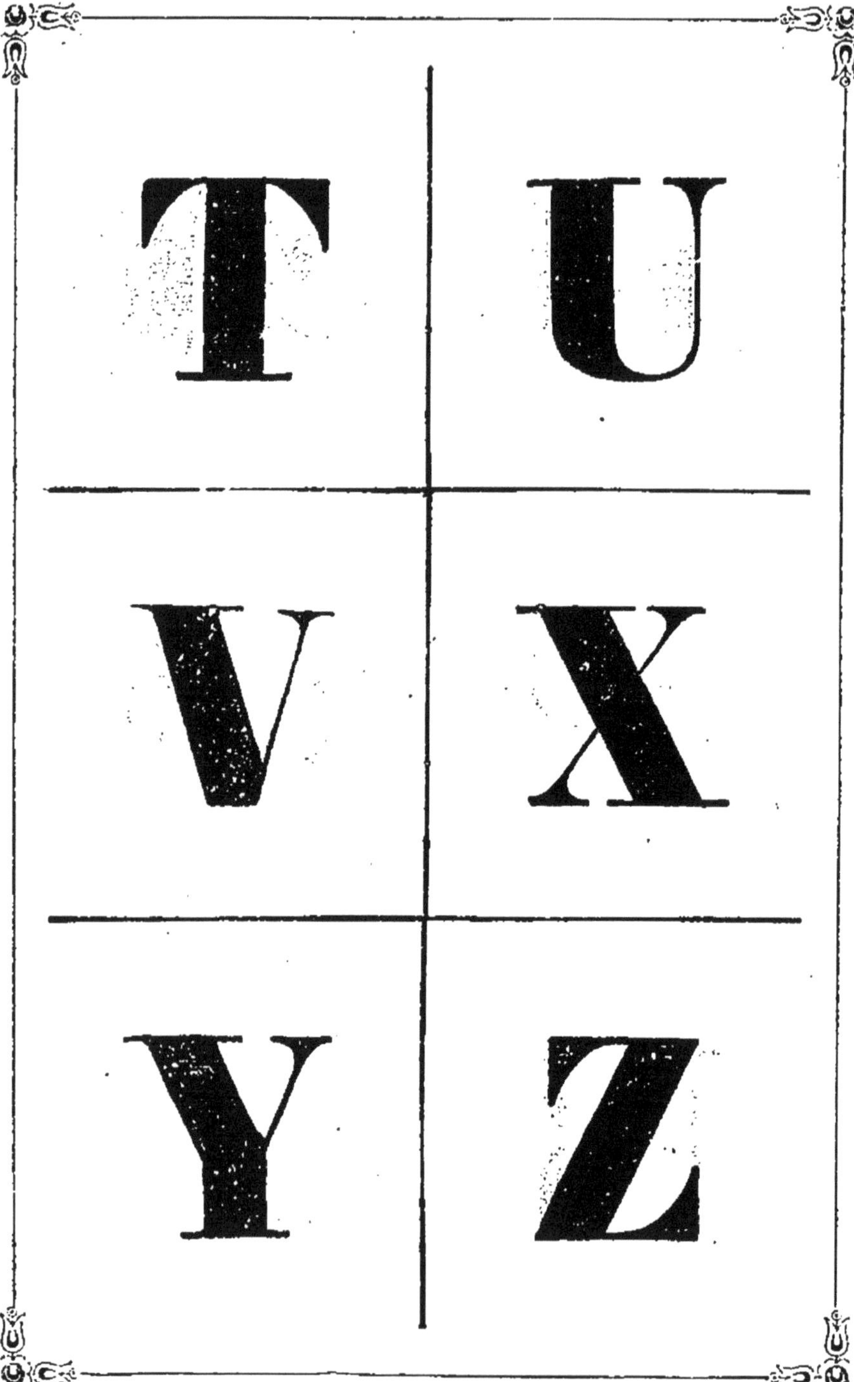

T
U
V
X
Y
Z

a b c d

e f g h

i j k l

m n o p

q r s t u

v x y z

A B C D E F

G H I J K L

M N O P Q R

S T U V W X

Y Z Ç Æ OE.

a b c d e f g h i

j k l m n o p q r

s t u v w x y z

ç à è ù é â ê î ô û.

Lettres italiques.

A B C D E F

G H I J K L M

N O P Q R S T

U V W X Y Z.

a b c d e f g h i

j k l m n o p q

r s t u v w x

y z ç œ œ.

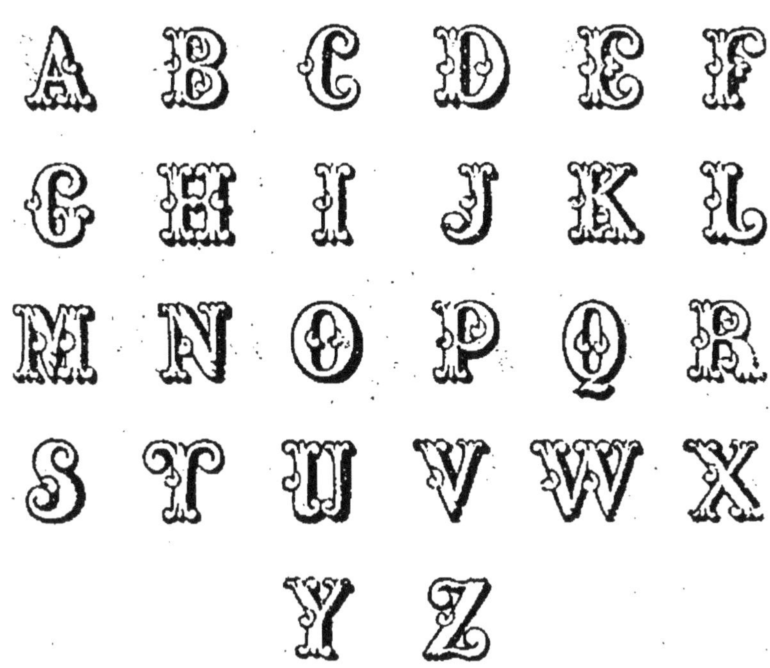

CHIFFRES.

Lettres d'écriture Anglaise.

A B C D E F G

H I J K L M N

O P Q R S T U

V W X Y Z

a b c d e f g h i j

k l m n o p q r s t

u v w x y z

CHIFFRES.

1 2 3 4 5 6 7 8 9 0

Lettres gothiques ornées.

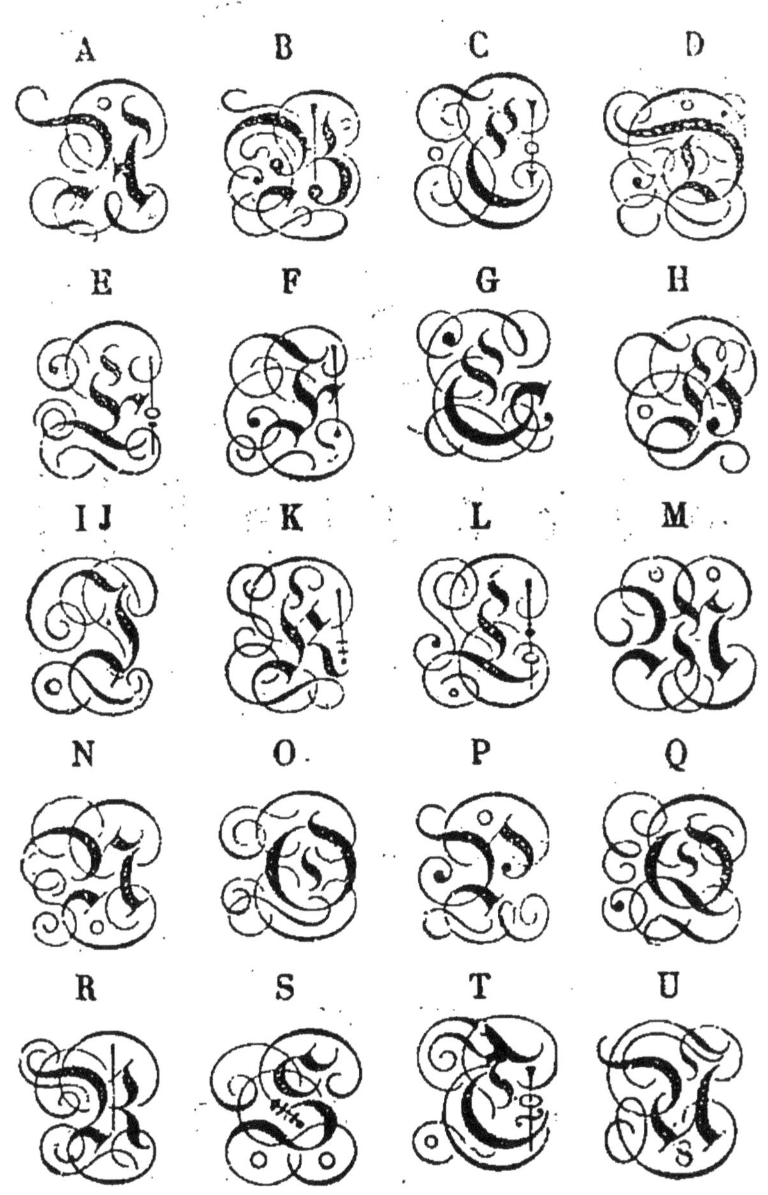

V   W   X   Y

Z

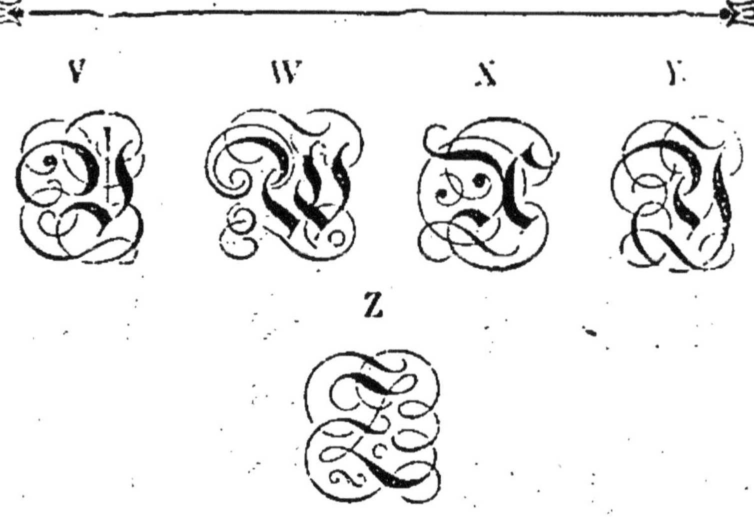

a b c d e f g h i j

k l m n o p q r s t

u v w x y z

CHIFFRES.

1 2 3 4 5 6 7 8 9 0

Lettres gothiques allemandes.

A	B	C	D	E	F	G
𝔄	𝔅	ℭ	𝔇	𝔈	𝔉	𝔊

H	I	J	K	L	M	N
𝔥	𝔍	𝔍	𝔎	𝔏	𝔐	𝔑

O	P	Q	R	S	T	U
𝔒	𝔓	𝔔	𝔯	𝔖	𝔗	𝔘

V	W	X	Y	Z
𝔳	𝔴	𝔵	𝔶	𝔷

a b c d e f g h i

j k l m n o p q r

s t u v w x y z

2.

Lettres voyelles.

a e i ou y o u

Lettres consonnes.

b c d f g h j k l m

n p q r s t v x z

Syllabes de deux lettres.

ba	be	bi	bo	bu
ca	ce	ci	co	cu
da	de	di	do	du
fa	fe	fi	fo	fu
ga	ge	gi	go	gu
ha	he	hi	ho	hu

ja	je	ji	jo	ju
ka	ke	ki	ko	ku
la	le	li	lo	lu
ma	me	mi	mo	mu
na	ne	ni	no	nu
pa	pe	pi	po	pu
ra	re	ri	ro	ru
sa	se	si	so	su
ta	te	ti	to	tu
va	ve	vi	vo	vu
xa	xe	xi	xo	xu
za	ze	zi	zo	zu

bla ble bli blo blu
bra bre bri bro bru
cha che chi cho chu
cla cle cli clo clu
cra cre cri cro cru
dra dre dri dro dru
fla fle fli flo flu
fra fre fri fro fru
gla gle gli glo glu
gna gne gni gno gnu
gra gre gri gro gru
pha phe phi pho phu

pla ple pli plo plu

pra pre pri pro pru

qua que qui quo quu

tla tle tli tlo tlu

tra tre tri tro tru

vra vre vri vro vru

Mots d'une syllabe.

Pain	Lait
Vin	Eau
Dent	Main
Four	Bras
Champ	Chat

Pa pa

Ma man

Ga min

Se rin

Jou jou

Pou pée

Bon bon

Dra gée

Rai sin

Pan tin

Bon net
Cou teau
Jar din
Gâ teau
Vo lant
Poi rier
Sou lier
Moi neau
Par rain
Lec teur
Ca ba ne

Voi tu re
Pan ta lon
Ca ba ret
Vi gi lant
Dé jeu ner
Ba lan cier
Do mi no
Pa pil lon
Ca va lier
Tris te ment
Mu ti ne rie

Di li gen ce

Po li chi nel

Gen dar me rie

Pâ tis se rie

Mi li tai re

Com pli men ter

Ré vé ren ce

Me nui se rie

Re pré sen ter

Sé che res se

Mots de cinq et six syllabes.

Par ti cu liè re ment.
In sur rec ti on nel.
Af fran chis se ment.
In dé li ca tes se.
Ha bi tuel le ment.
Dis pro por ti on né.
Cha ri ta ble ment.
I ni ti a ti ve.
Per pen di cu lai re.
No men cla tu re.
Dis si mu la ti on.
Im pos si bi li té.
Con tra dic ti on.
Gé né ra lis si me.
U ni ver sel le ment.
Mi sé ri cor di eux.
Fa vo ra ble ment.
Mu ni ci pa li té.

Ap pre nez à li-
re, a fin de plai re
à vo tre pa pa et à
vo tre ma man.

Ché ris sez vos
pa rents, ai mez vo-
tre pro chain et
Dieu vous bé ni-
ra.

Les mi li tai res
dé fen dent l'é tat;

les juges font ren
dre à chacun ce
qui lui est dû;
les marchands pro-
curent tout ce
dont on a besoin,
et les ouvriers le
préparent; les prê-
tres sont les gar-
diens de la mora-
le; les savants nous

ex pli quent les mer veil les de la na tu re, et les ar- tis tes nous en re- pré sen tent les beau tés.

La vé ri té est si bel le, qu'il ne faut ja mais men- tir, car on ne croit plus celui qui a men ti u ne fois, quand mê me il di rait vrai.

La sa ges se de l'en fant le rend ai-ma ble et le fait ché rir de tous ceux qui le con-nais sent.

Les quatre éléments qui composent notre globe sont : l'air, la terre, l'eau et le feu.

La réunion de ces quatre éléments est nécessaire à l'homme pour vivre.

C'est l'air agité qui produit les vents, qui cause les orages, les tempêtes.

C'est la terre qui produit toutes les substances végétales dont l'homme se nourrit ; c'est au fond de la terre qu'on trouve l'or, l'argent, le fer et tous les autres métaux; ainsi que les pierres.

C'est dans l'eau, c'est-à-dire dans la mer, les rivières, qu'on pêche les poissons de toutes grandeurs et de toutes grosseurs, qui servent d'aliments à l'homme.

C'est le feu qui échauffe la terre, anime et vivifie toute la nature. C'est le feu qui nous éclaire dans les ténèbres.

DIVISION DU TEMPS.

Cent ans font un siècle.

Il y a douze mois dans un an.

Il y a trente jours dans un mois.

Trois cent soixante - cinq jours font un an.

On divise le mois en quatre semaines ; chaque semaine est composée de sept jours que l'on nomme :

Lundi, Mardi, Mercredi,
Jeudi, Vendredi, Samedi,
Dimanche.

Les mois de l'année sont :

Janvier, Février, Mars,
Avril, Mai, Juin,
Juillet, Août, Septembre,
Octobre, Novembre, Décembre.

Il y a quatre saisons dans l'année, que l'on appelle : le Printemps, l'Été, l'Automne et l'Hiver.

LES CRIS DES ANIMAUX.

L'Agneau bêle.
L'Ane brait.
Le Chat miaule.
Le Cheval hennit.
Le Chien aboie, jappe, hurle.
Le Cochon grogne.
Le Coq chante.
Le Corbeau croasse.
La Grenouille coasse.
Le Lion rugit.
Le Loup hurle.
Le Moineau pépie.
La pie babille, jacasse.
Le Pigeon roucoule.
Le Renard glapit.
Le Rossignol ramage.
Le Serpent siffle.
Le Taureau beugle.
La Tourterelle gémit.

A a

ANE.

L'Ane est un animal très-utile aux habitants de la campagne : c'est le meilleur serviteur du pauvre paysan ; il porte des charges très-lourdes et ne se fatigue presque jamais; il coûte peu par lui-même et il est très-facile à nourrir. Cependant il est bien maltraité par son maître, par les valets, par les enfants.

On nomme animal domestique celui que l'on parvient à rendre familier ou à dresser pour l'employer à des travaux utiles. L'Ane est un animal domestique, le chien également, tandis que l'ours est un animal sauvage et féroce.

B  b

BŒUF.

Le Bœuf est un animal quadrupède. C'est ainsi que l'on désigne
tous ceux qui ont quatre pieds ou
quatre pattes. C'est une. bête de

somme, parce qu'il travaille à la terre, soit qu'on l'attèle à la charrue pour des labours, soit qu'on lui fasse traîner de lourds chariots, il est très-utile aux cultivateurs. Quand il est devenu assez gros et assez gras, on l'abat, et il est encore plus précieux, car sa chair est excellente pour notre nourriture ; c'est avec elle que l'on fait du bouillon gras, tandis que sa peau, après avoir été tannée, est employée à faire des chaussures et des courroies.

C c

CHEVAL.

Le Cheval est le plus beau, le
plus intelligent et le plus utile de
tous les animaux domestiques. Il sert
aussi à la campagne à traîner la

charrue; à la ville, on l'attèle aux équipages, aux voitures de voyage, aux chariots. Il sert aux cavaliers pour la promenade et aux soldats pour le service militaire.

Outre ses travaux ordinaires, qui sont le trait et la course, le Cheval, qui est assez intelligent pour obéir à la parole de son maître, est quelque-fois dressé à des exercices particuliers. On en voit dans les cirques, dans les foires de campagne, faire des choses qui surprennent et donnent la mesure de leur entendement.

D d

DOGUE.

Le Dogue est un gros chien, c'est
encore un animal domestique. Il
égale le cheval en intelligence; il
est renommé et supérieur à tous les

animaux pour sa fidélité; il sait se faire aimer de son maître, dont il est quelquefois le gardien et le sauveur.

Il y a un grand nombre d'espèces de chiens : le dogue est le défenseur de la maison; le chien de Terre-Neuve est dressé au sauvetage des personnes en danger de se noyer; le chien du mont Saint-Bernard, espèce particulière, est employé par les religieux du pays à rechercher les voyageurs perdus ou égarés dans les neiges; puis le chien de berger, qui conduit le troupeau; le chien de chasse et beaucoup d'autres.

E e

ÉLÉPHANT.

L'Éléphant est le plus gros de tous les quadrupèdes. Il est un des plus laids par sa forme, cependant il passe pour avoir beaucoup d'intelligence et, malgré sa pesanteur, il dépasse le cheval à la course.

Les Indiens emploient l'Éléphant pour porter des charges d'un poids considérable, et le dressent pour la chasse du tigre et du lion.

L'Éléphant se sert de sa trompe pour porter à sa bouche sa nourriture ou sa boisson; il enlève avec cette trompe des charges très-lourdes. Les deux dents qui sortent de sa bouche, et que l'on nomme défenses, servent à faire des objets d'ivoirerie, des billes de billard, etc., etc.

FURET.

Le Furet est un animal de la gros-
seur d'un petit chat, il a des yeux
roses, un museau petit et allongé;
son pelage est d'une couleur jaunâtre.

Le Furet, dans certains pays, se tient dans les bois ou dans les campagnes, aux environs des maisons, pour faire la guerre aux volailles et surtout aux lapins, dont il est le plus cruel ennemi.

Le Furet n'est point un animal domestique. Pour l'élever, on est obligé de l'enfermer dans des cages ou dans des tonneaux ; lorsqu'on le conduit à la chasse, on le tient enchaîné et muselé, puis on le lâche à l'entrée des terriers pour qu'il aille débusquer le pauvre lapin qui, croyant sauver sa vie, va donner tête baissée dans le piége que lui a tendu le chasseur.

G g

GUENON.

La Guenon est une des différentes variétés du singe, c'est celle que l'on apprivoise et que l'on instruit le plus facilement. Ce petit animal imite très-bien les gestes et les actions de l'homme, surtout si ce sont des grimaces; c'est de là que vient le mot singerie.

La Guenon est originaire des pays chauds, ainsi que les autres singes; ces animaux vivent dans les forêts, ils demeurent dans les arbres, qu'ils parcourent avec rapidité, sautent de l'un à l'autre.

Il y a une grande quantité d'espèces de singes, parmi lesquels on remarque l'orang-outang, qui a la taille de l'homme, et le chimpanzé qui s'en rapproche le plus par la forme.

H h

HYÈNE.

Ce vilain quadrupède est originaire de l'Afrique; il est de la taille
du loup, auquel il ressemble par son
pelage.

La Hyène vit de carnage et elle est tellement vorace que, lorsque sa chasse a été infructueuse, elle s'introduit dans les cimetières pour y déterrer les morts et les dévorer ; c'est en même temps un animal sauvage et un animal féroce.

Le cri de la Hyène imite celui d'un homme qui ferait des efforts pour vomir.

On connaît plusieurs espèces de Hyènes, parmi lesquelles il y a_la Hyène rayée et la Hyène mouchetée, toutes deux sont féroces.

I i

ICHNEUMON.

L'Ichneumon est un animal qui appartient à la famille des belettes. Sa couleur est brun foncé tiqueté de blanc sale; il habite l'Inde, la Chine et particulièrement l'Égypte. Il rend de grands services aux habitants de cette contrée, en détruisant les œufs de serpents et de crocodiles ; il attaque aussi volontiers tous les animaux qu'il croit vaincre, le chien, le chat et le serpent.

L'Ichneumon est destructeur par nature ; quand il pénètre dans une maison, il fait aussi bien la guerre aux volailles qu'aux rats, aux souris et aux insectes.

J j

JAGUAR.

Le Jaguar est une variété du tigre,
c'est un des animaux les plus fé
roces. Ordinairement, il fait la
guerre aux plus grands que lui, il

est l'ennemi du cheval, du bœuf, du sanglier ; sa manière de chasser est de grimper sur les arbres, d'où il s'élance sur le dos de sa victime et lui crève les yeux pour la mettre hors de combat.

Cependant, cet animal si terrible est aussi lâche que cruel et n'oserait attaquer son ennemi en face, à moins d'être certain de la victoire, tandis que le véritable tigre ne se laisse point intimider même par le lion.

K k

KAOLA.

Ce singulier animal a la taille
d'un chien, des oreilles courtes, le
poil brun, long et touffu ; il ressem-
blerait presque à un petit ours, s'il

n'avait le dessous du corps couvert de poils blancs. Il se nourrit de feuilles et d'insectes, et passe une partie de sa vie à dormir dans son terrier.

Le Kaola est un animal paresseux, il est d'un caractère doux et timide ; la femelle du Kaola a, comme celle du kanguroo, une poche sur le ven- tre, dans laquelle elle renferme son petit jusqu'à ce qu'il puisse seul pourvoir à ses besoins.

L l

LOUP.

Le Loup est un animal de la gros-
seur d'un chien. Il habite toutes les
contrées de l'Europe et aussi l'Amérique du Nord. C'est une bête féroce,

son pelage est mélangé de noir, de jaune et de gris; la couleur de ses paupières est d'un vert clair, ce qui lui donne un air sauvage et effrayant. Le fumet du Loup est si puant et sa chair si mauvaise, que tous les autres animaux la rebutent.

Le Loup possède toute l'adresse et la force nécessaires pour attaquer des animaux plus grands que lui, comme le bœuf et le cheval.

M m

MOCOCO.

Le Mococo fait partie de la grande famille des quadrumanes. Son pelage est d'un gris teinté de roux, le dessus de la tête, le dos et le bout du museau sont noirs, tout le dessous est blanc.

Suivant quelques naturalistes, le Mococo passe pour avoir de l'intelligence, être d'une grande douceur, s'habituer à son maître et le prendre en affection ; d'autres, au contraire, assurent qu'il montre, en esclavage, des qualités qu'il serait loin de posséder si on les étudiait dans l'état de nature, et qu'il serait plutôt farouche et cruel.

N n

NIL-GHAUT.

Le Nil-Ghaut a quelque ressemblance avec le cerf, cependant ses jambes, plus fortes, le rendent moins agile à la course.

Le Nil-Ghaut est originaire de l'Inde on le trouve surtout dans le montagnes de Kachemir où les Indiens lui font la chasse pour sa chair, qui est très-estimée. Cet animal est d'une grande douceur : ceux que l'on a vus à Paris, au Jardin-des-Plantes, venaient lécher les mains des personnes qui leur donnaient quelque chose à manger. Ce qu'ils préféraient pour leur nourriture, c'était le pain de froment.

O   o

ORANG-OUTANG.

L'Orang-Outang est un des plus grands personnages de la famille des singes; il y en a qui ont jusqu'à cinq pieds. Cet animal a été souvent confondu avec une autre espèce, le *chimpanzé*, dont le nom est moins connu. L'Orang-outang vit dans les arbres et se nourrit de fruits. Quelques naturalistes prétendent que les Orangs-outangs marchent sur leurs pieds postérieurs, alors qu'ils se tiennent debout; quoi qu'il en soit, c'est en se sauvant d'arbre en arbre qu'il parvient à échapper, lorsqu'il est poursuivi par le chasseur, autrement en plaine il serait bien vite atteint.

P p

PUTOIS.

Le Putois est un animal du genre des martes; le nom de *Putois* ou *puant* vient de l'odeur infecte qu'il exhale; cette odeur est assez forte pour dégoûter les chiens. Pendant la belle saison, le Putois demeure dans la campagne, tandis que, lorsque les arbres commencent à se dépouiller, il se rapproche des habitations et va se loger dans les granges. Il chasse plus ordinairement la nuit; il poursuit de préférence les petits animaux, tels que les mulots, les souris, mais s'il parvient à s'introduire dans une basse-cour, il y fait un dégât considérable.

Q q

QUINCAJOU.

Le Quincajou est un animal car-
nassier originaire de l'Amérique
septentrionale; sa taille est celle d'un

gros chat, son pelage est roux, sa queue est très-longue.

Le Quincajou chasse à la manière du glouton ; sa course est rapide, les animaux qu'il poursuit ne lui échappent ordinairement qu'en se précipitant dans l'eau, qu'il a en aversion.

Cet animal est prévoyant à l'excès. Comme il est ennemi du froid, il emploie ses loisirs à se construire une retraite pour l'hiver et il y amasse des provisions de vivres qui lui permettent d'y rester enfermé pendant les froids et la saison des pluies.

R r

RENNE.

Le Renne est un animal de la taille du cerf, il habite les contrées septentrionales du globe. Sa couleur est brune dans la partie supérieure et blanche à l'inférieure.

Le Renne est d'une grande utilité
aux habitatns de la Laponie ; pendant sa vie, il leur tient lieu de cheval, de vache et de chèvre. Les La-
pons attèlent les Rennes à un traî-
neau approprié aux plaines de ces
contrées et parcourent, au moyen
de cet équipage, une distance considérable. La chair en est très-bonne
à manger et sa peau sert à faire des
vêtements.

S   S

SANGLIER.

Le Sanglier, qui ressemble au cochon domestique par sa forme, est
couvert d'un poil gris de fer; il a
les pieds, les oreilles et la queue

noirs, son museau est plus allongé que celui du porc, et ses défenses croissent quelquefois jusqu'à un pied de long, elles sortent de la mâchoire supérieure et inférieure, les plus redoutables sont celles d'en bas.

Le Sanglier est un animal qui vit dans les forêts; la chasse au sanglier est très-dangereuse, parce qu'il ne craint pas les chiens et qu'il est cruel lorsqu'il est en fureur.

T t

TAPIR.

Le Tapir, qui est de la taille d'une petite vache, a une tête grosse et longue, se terminant par une trompe charnue et mobile dans tous les sens, dont il se sert pour prendre sa pàture et la porter à sa gueule.

Le Tapir ne sort de sa retraite que la nuit pour aller se plonger dans les eaux des marais et des rivières, dont il habite les bords ; son agilité dans l'eau est excessive, il nage avec rapidité et reste longtemps sous l'eau sans avoir besoin de respirer. La chair du Tapir est une bonne nourriture.

U u

URSON.

L'Urson est un animal de la taille du chien. Il a le corps couvert de piquants cachés sous un poil roux très-épais, ces piquants sont : partie blancs et jaunâtres, partie bruns et noirâtres; il habite l'Amérique.

L'Urson vit dans les creux des troncs d'arbres; il se nourrit d'écorces, de fruits et de racines. On dit que l'écorce résineuse du pin du Canada, ainsi que celle du tilleul glabre, sont des aliments auxquels il donne la préférence.

La chair de l'Urson est très-estimée des habitants de l'Amérique.

V v

VIGOGNE.

La Vigogne est un animal qui,
pour la forme, tiendrait du chameau.
moins la bosse, ou du lama, dont

elle semble être une plus petite espèce. C'est du moins le plus beau de ces animaux.

Les Vigognes vivent par troupes près des cimes des Andes, où on va lui faire la chasse pour s'emparer de sa toison; sa laine, d'une finesse extraordinaire, sert à faire les belles étoffes dont se vêtissent les riches Espagnols de l'Amérique.

La Vigogne n'a pas pu, jusqu'à présent, s'accoutumer à vivre ailleurs que dans les montagnes glacées.

X

X

XÉ.

Le Xé est un joli petit animal de
la taille du chevreuil; on le trouve
au Thibet, en Tartarie et principale-
ment en Chine.

Le Xé a sous le ventre une po-
chette de trois à quatre centimètres
de largeur, des parois de laquelle
sécrète une humeur odorante connue
sous le nom de *musc*.

Le Xé habite le sommet des montagnes; il déploie dans sa course autant de légèreté que le chamois; il
gravit aisément les pentes les plus
rapides. Sa nourriture très-simple
se compose : l'été de racines, et l'hiver des lichens qui tapissent les
rochers.

Y y

YACK.

Le Yack est un animal qui a de la ressemblance avec le bœuf et surtout le buffle. Cet animal a sur la tête une grosse touffe de poils crépus et une sorte de crinière sur le cou. Son pelage est noir, assez lisse ; ses jambes sont couvertes de crins très-touf-fus, sa queue ressemble à celle du cheval.

Les Mongols en ont fait un animal domestique très-utile ; ils l'emploient à des travaux semblables à ceux auxquels on utilise le bœuf dans notre pays. Sa queue a une grande valeur commerciale chez les Musulmans ; c'est elle qui est l'insigne de la dignité de pacha ; les Chinois en font un ornement pour leurs bonnets.

Z

ZORILLE.

Les Zorilles sont une variété des moufettes, ils appartiennent à la famille des martes. Cet animal est de la taille d'un chat, son pelage est

rayé de bandes longitudinales noires
et blanches, sa queue est couverte
de poils longs et très touffus.

Les Zorilles sont des animaux noc-
turnes qui habitent des terriers sur
la lisière des bois, où ils restent jusqu'au coucher du soleil pour aller
faire la chasse aux oiseaux dont ils
aiment les œufs.

Ces animaux exhalent une odeur
plus infecte encore que le putois, ils
font fuir tout ce qu'ils approchent
et les chiens les sentent d'une distance très éloignée.

NOTIONS

D'ARITHMÉTIQUE.

L'arithmétique est la science; les nombres sont une réunion d'unités.

Nous avons fait connaître plus haut la figure des chiffres; ces chiffres, au nombre de dix, suffisent pour désigner tous les nombres possibles.

Chaque chiffre a deux valeurs : l'une absolue, l'autre relative; c'est-à-dire que dans le nombre suivant : 49, la valeur absolue du premier chiffre est *quatre*, et sa valeur relative est *quatre dizaines* ou *quarante*, parce qu'il est au second rang; et la valeur du second chiffre est *neuf*, parce que, placé au premier rang, il représente les unités.

De ce système de numération, il résulte qu'un chiffre placé à la gauche d'un autre ou d'un zéro, vaut dix fois plus que s'il était seul et qu'à mesure qu'il avance d'un rang vers la gauche, sa valeur est dix fois plus grande, tandis que s'il recule d'un rang vers la droite, il vaut dix fois moins que chaque unité du chiffre qui est placé à sa gauche.

Ainsi : 1 à la gauche d'un zéro, 10, vaut dix; à la gauche de deux zéros, 100, vaut 100, et ainsi de suite.

En suivant cette progression par dizaines, quel que soit le nombre de chiffres, on donnera les noms suivants, en commençant par la droite, *unités*, dizaines, centaines, *mille*, dizaines de mille, centaines de mille, *millions*, dizaines de millions, centaines de millions, *milliards*.

Et ainsi de suite jusqu'à l'infini.

Alors, quand vous voudrez exprimer un nombre, comme par exemple :

1,564,982,370.

Vous opérerez comme nous venons de le dire, et vous trouverez que cette ligne de chiffres a la valeur de : un milliard cinq cent-soixante-quatre millions neuf cent quatre-vingt-deux mille trois cent soixante-dix.

TABLE DE NUMÉRATION.

	CHIFFRES ARABES.	CHIFFRES ROMAINS.
Un.	1.	I.
Deux	2.	II.
Trois	3.	III.
Quatre	4.	IV.
Cinq	5.	V.
Six	6.	VI.
Sept	7.	VII.
Huit	8.	VIII.
Neuf	9.	IX.
Dix	10.	X.
Vingt.	20.	XX.
Trente	30.	XXX.
Quarante	40.	XL.
Cinquante	50.	L.
Soixante.	60.	LX.
Soixante-dix	70.	LXX.
Quatre-vingts	80.	LXXX.
Quatre-vingt-dix	90.	XC.
Cent.	100.	C.
Deux cents	200.	CC.
Trois cents	300.	CCC.
Quatre cents	400.	CCCC.
Cinq cents.	500.	D ou IƆ.
Six cents	600.	DC.
Sept cents	700.	DCC.
Huit cents	800.	DCCC.
Neuf cents	900.	DCCCC.
Mille.	1000.	M ou CIƆ.

DE L'ADDITION.

Additionner des nombres, c'est réunir leur valeur pour en former un seul nombre que l'on nomme total.

Pour additionner plusieurs nombres ensemble, il faut les écrire les uns sous les autres, de manière que les unités se trouvent sous les unités, les dizaines sous les dizaines, etc. Puis, tirant une ligne sous la dernière rangée, on commence par additionner la première colonne qui est celle des unités, puis celle des dizaines, etc. Si le nombre trouvé sous la colonne que l'on additionne, est moindre que dix, on l'écrit sans rien retenir; mais s'il contient plusieurs dizaines, on les convertit en autant d'unités, que l'on additionne avec la colonne suivante.

Exemple : On veut connaître le total des nombres 9127—3259—4806 ; écrivons-les ainsi :

$$
\begin{array}{r}
9,127 \\
3,259 \\
4,806 \\
\hline
17,192
\end{array}
$$

Je commence par la première colonne à droite et

dis : 16 et 6 font 22 ; je pose 2 et retiens 2. Reprenant à la seconde colonne, je dis : 2 et 2 de retenu 4 et 5 font 9, je pose 9, et n'ai rien à retenir, puisqu'il n'y a pas de dizaines. A la troisième colonne, je dis : 1 et 2 font 3 et 8 font 11, je pose 1 et retiens 1, que je reporte à la quatrième colonne où je compte 9 et 1 de retenu font dix et 3 font 13 et 4 font 17, que je pose ; alors je trouve au total dix-sept mille cent quatre-vingt-douze.

Telle est l'opération facile qu'on nomme addition, au moyen de laquelle on peut réunir tous les nombres possibles, n'importe la quantité de chiffres qui les composent.

La preuve ou vérification de l'exactitude de cette règle présentant plus de difficultés que la règle elle-même, on s'abstient d'en faire usage ; il suffit d'ailleurs de recommencer l'opération en remontant de bas en haut au lieu de descendre du haut en bas pour s'assurer de l'exactitude de son addition.

DE LA SOUSTRACTION.

La soustraction est l'opération par laquelle on retranche un nombre plus petit d'un nombre plus grand. Ce qui permet de connaître de combien le plus grand surpasse le plus petit. La différence se nomme alors *reste* ou *excédant.*

Pour faire une soustraction, on écrit le plus petit nombre sous le plus grand dans le même ordre que pour une addition, c'est-à-dire les unités sous les unités, les dizaines sous les dizaines, etc. Après avoir tiré une ligne sous les deux rangées, on soustrait.

Si le chiffre inférieur est égal au supérieur, on pose zéro, car d'égal à égal il n'y a pas d'excédant ; mais si le chiffre inférieur est plus fort que le supérieur, on ajoute, dans la pensée une dizaine au chiffre du dessus, et après avoir soustrait on retient 1 pour l'ajouter au chiffre du bas, à gauche de la colonne sur laquelle on vient d'opérer.

Exemple.

Je possède . . .	73,904 fr.
Je dois.	26,485
Il me reste. .	47,749 fr.
Preuve.	73,904 fr.

Pour faire cette règle, je dis : 5 ôté de 4 ne se

peut, j'ajoute alors dans mon esprit, une dizaine au 4, ce qui fait 14, et reprends 5 ôté de 14, reste 9 (1); 9 ôté de 8 reste 1 que je pose, puis 1 ôté de 8 reste 7, car ayant emprunté une dizaine au 9, il ne vaut plus que 8, continuant, je dis : 6 ôté de trois ne se peut, j'emprunte une dizaine et reprends : 6 ôté de 13 reste 7, et 2 ôté de 6 reste 4. Ce qui fait une différence de quarante-sept mille sept cent dix-neuf francs.

La preuve d'une soustraction se fait très-facilement, puisqu'il suffit d'additionner le nombre soustrait avec l'excédant; si le total égale le nombre duquel on a soustrait, l'opération est juste.

DE LA MULTIPLICATION

La multiplication sert à faire connaître le produit d'un nombre répété autant de fois qu'il y a d'unités dans un autre nombre.

Le nombre qu'on multiplie s'appelle *multiplicande*

---

(1) Il faut observer ici que n'ayant pu emprunter un zéro, j'ai passé au neuf, et que chaque fois qu'il en arrive ainsi, le zéro prendra la valeur d'un neuf.

Celui qui multiplie s'appelle *multiplicateur;* et le ré
sultat de l'opération s'appelle *produit.*

Pour faire exactement cette règle, il est indispen-
sable de bien savoir la table de multiplication que
nous donnons ci-après.

TABLE DE MULTIPLICATION.

2 fois 2 font 4.	3 fois 3 font 9.
2 — 3 — 6.	3 — 4 — 12.
2 — 4 — 8.	3 — 5 — 15.
2 — 5 — 10.	3 — 6 — 18.
2 — 6 — 12.	3 — 7 — 21.
2 — 7 — 14.	3 — 8 — 24.
2 — 8 — 16.	3 — 9 — 27.
2 — 9 — 18.	3 — 10 — 30.
2 — 10 — 20.	3 — 11 — 33.
2 — 11 — 22.	3 — 12 — 36.
2 — 12 — 24.	3 — 13 — 39.
2 — 13 — 26.	3 — 14 — 42.
2 — 14 — 28.	3 — 15 — 45.
2 — 15 — 30.	3 — 16 — 48.
2 — 16 — 32.	3 — 17 — 51.
2 — 17 — 34.	3 — 18 — 54.
2 — 18 — 36.	3 — 19 — 57.
2 — 19 — 38.	3 — 20 — 60.
2 — 20 — 40.	

4 fois 4 font 16.		5 fois 17 font 85.	
4 — 5 — 20.		5 — 18 — 90.	
4 — 6 — 24.		5 — 19 — 95.	
4 — 7 — 28.		5 — 20 — 100.	
4 — 8 — 32.			
4 — 9 — 36.		6 fois 6 font 36.	
4 — 10 — 40.		6 — 7 — 42.	
4 — 11 — 44.		6 — 8 — 48.	
4 — 12 — 48.		6 — 9 — 54.	
4 — 13 — 52.		6 — 10 — 60.	
4 — 14 — 56.		6 — 11 — 66.	
4 — 15 — 60.		6 — 12 — 72.	
4 — 16 — 64.		6 — 13 — 78.	
4 — 17 — 68.		6 — 14 — 84.	
4 — 18 — 72.		6 — 15 — 90.	
4 — 19 — 76.		6 — 16 — 96.	
4 — 20 — 80.		6 — 17 — 102.	
		6 — 18 — 108.	
5 fois 5 font 25.		6 — 19 — 114.	
5 — 6 — 30.		6 — 20 — 120.	
5 — 7 — 35.			
5 — 8 — 40.		7 fois 7 font 49.	
5 — 9 — 45.		7 — 8 — 56.	
5 — 10 — 50.		7 — 9 — 63.	
5 — 11 — 55.		7 — 10 — 70.	
5 — 12 — 60.		7 — 11 — 77.	
5 — 13 — 65.		7 — 12 — 84.	
5 — 14 — 70.		7 — 13 — 91.	
5 — 15 — 75.		7 — 14 — 98.	
5 — 16 — 80.		7 — 15 — 105.	

7 fois 16 font 112.			9 fois 19 font 171.		
7 — 17 — 119.			9 — 20 — 180.		
7 — 18 — 126.					
7 — 19 — 133.			10 fois 10 font 100.		
7 — 20 — 140.			10 — 11 — 110.		
			10 — 12 — 120.		
8 fois 8 font 64.			10 — 13 — 130.		
8 — 9 — 72.			10 — 14 — 140.		
8 — 10 — 80.			10 — 15 — 150.		
8 — 11 — 88.			10 — 16 — 160.		
8 — 12 — 96.			10 — 17 — 170.		
8 — 13 — 104.			10 — 18 — 180.		
8 — 14 — 112.			10 — 19 — 190.		
8 — 15 — 120.			10 — 20 — 200.		
8 — 16 — 128.					
8 — 17 — 136.			11 fois 11 font 121.		
8 — 18 — 144.			11 — 12 — 132.		
8 — 19 — 152.			11 — 13 — 143.		
8 — 20 — 160.			11 — 14 — 154.		
			11 — 15 — 165.		
9 fois 9 font 81.			11 — 16 — 176		
9 — 10 — 90.			11 — 17 — 187.		
9 — 11 — 99.			11 — 18 — 198.		
9 — 12 — 108.			11 — 19 — 209.		
9 — 13 — 117.			11 — 20 — 220.		
9 — 14 — 126.					
9 — 15 — 135.			12 fois 12 font 144.		
9 — 16 — 144.			12 — 13 — 156.		
9 — 17 — 153.			12 — 14 — 168.		
9 — 18 — 162.			12 — 15 — 180.		

12 fois 16 font 192.
12 — 17 — 204.
12 — 18 — 216.
12 — 19 — 228.
12 — 20 — 240.

13 fois 13 font 169.
13 — 14 — 182.
13 — 15 — 195.
13 — 16 — 208.
13 — 17 — 221.
13 — 18 — 234.
13 — 19 — 247.
13 — 20 — 260.

14 fois 14 font 196.
14 — 15 — 210.
14 — 16 — 224.
14 — 17 — 228.
14 — 18 — 252.
14 — 19 — 266.
14 — 20 — 280.

15 fois 15 font 225.
15 — 16 — 240.

15 fois 17 font 255.
15 — 18 — 270.
15 — 19 — 285.
15 — 20 — 300.

16 fois 16 font 256.
16 — 17 — 272.
16 — 18 — 288.
16 — 19 — 304.
16 — 20 — 320.

17 fois 17 font 289.
17 — 18 — 306.
17 — 19 — 323.
17 — 20 — 340.

18 fois 18 font 324.
18 — 19 — 342.
18 — 20 — 360.

19 fois 19 font 361.
19 — 20 — 380.

20 fois 20 font 400.

Quand on connaît bien la table de multiplication et qu'on veut opérer, il faut s'y prendre ainsi :
Supposons que l'on veuille savoir la valeur totale de 1724 chapeaux à 13 francs chaque.

J'écris 1724 qui est le multiplicande.
Je mets dessous   13 qui est le multiplicateur.

5172

1724

Produit total   22412 francs.

Mes deux lignes ainsi placées, je tire une barre, et commençant par la droite, je dis : 3 fois 4 font 12 ; je pose 2 et retiens 1 ; 3 fois 2 font 6 et 1 de retenu 7 que je pose ; 3 fois 7 font 21 ; je pose 1 et retiens 2 ; 3 fois 1 font 3 et 2 de retenu 5, que je pose. Passant alors au second chiffre, je dis : 1 fois 4 est 4, que je pose sous la première ligne, à la seconde colonne ; puis je continue ; 1 fois 2 est 2 que je pose ; 1 fois 7 est 7 que je pose aussi et 1 fois 1 est 1. Je tire alors une nouvelle barre, et j'additionne ; ce qui me fait connaître que la valeur totale des chapeaux est de vingt-deux mille quatre cent douze francs.

Observation. Comme le multiplicateur d'un nbre

par quel nombre que ce soit ne peut produire qu'un zéro, il faut, lorsque le multiplicande en contient, en mettre au produit du même rang un pareil nombre. Néanmoins, si, au lieu de se trouver à la fin du multiplicande, ces zéros s'y trouvaient intercalés, et qu'il y eût des dizaines retenues sur le produit du chiffre de droite, le chiffre de ces dizaines prendrait la place du zéro.

| 200 | 305 | 9006 | 40108 |
7	9	2	5
1400	2745	18012	200540

DE LA DIVISION.

La division est une opération par laquelle on cherche combien de fois un nombre qu'on appelle *dividende*, en contient un autre qu'on appelle *diviseur*; le résultat de cette opération s'appelle *quotient*. Cette opération consiste donc, comme on le voit, à partager une quantité donnée en autant de parties égales. Ainsi diviser 16 par 4, c'est chercher combien 16 contient de fois 4; ou bien, c'est partager 16 en quatre parties égales.

Pour disposer les termes d'une division, on place
sur une même ligne le dividende et le diviseur que
l'on sépare par une accolade, puis on souligne le diviseur, et c'est dessous que se trouve le quotient ou
produit.

EXEMPLE:

19 personnes ont à partager entre elles une somme
de 4,864 fr. ; combien reviendra-t-il à chacune? réponse, 256 francs.

4864	19
106	256
114	
00	

Je prends d'abord le premier chiffre du dividende.
et je dis : en 4 combien de fois 1 qui est le premier
chiffre du diviseur? 4 fois ne peut y être ; car en
multipliant 19 par 4, je trouverais 76, que je ne
pourrais soustraire de 48. Il ne peut y être trois fois
par les mêmes motifs; mais il s'y trouve deux fois.
Je pose 2, et multiplie en disant : 2 fois 9 font 18,
de 18 reste 0 que je pose sous le deuxième chiffre à
gauche du dividende, et retiens 1 ; 2 fois 1 font 2, et
1 retenu 3, de 4 reste 1 que je pose; j'abaisse 6 à côté
de ces deux chiffres, et je continue de la même manière que ci-dessus, en disant : en 10, combien de

fois 1 ? 10, 9, 8, 7, 6 ne se peuvent pas, mais 5 s'y trouve, je le pose et multiplie : 5 fois 9 font 45, de 45 reste 1 et retiens 4 ; 5 fois 1 font 5, et 4 retenus 9, de 10 reste 1. J'abaisse 4 et continue : en 11 combien de fois 1 ? 11, 10, 9, 8, 7 ne se peuvent ; mais 6 y est, je le pose et multiplie : 6 fois 9 font 54, de 54 quitte ; je pose 4 et retiens 5 ; 6 fois 1 font 6 et 5 retenus 11, de 11 quitte, je pose 0. Je sais alors qu'il reviendra à chaque personne deux cent cinquante-six francs.

PREUVE DE LA DIVISION.

La preuve de la division se fait en multipliant le *quotient* par le *diviseur* : si le montant de la multiplication est égal au dividende, l'opération est juste.

PREUVE DE LA MULTIPLICATION.

Nous n'avons pas donné à la suite de cette règle la manière d'en faire la preuve, parce que cette preuve se faisant par la division, nous n'aurions pu être compris, puisque nous n'avions pas expliqué cette opération.

La preuve de la multiplication se fait en divisant le produit de l'opération par le multiplicateur ; si le quotient de la division égale le multiplicande la règle est bonne.

COMPLIMENTS POUR LES FÊTES.

D'un Enfant à son Père.

Cher Papa, reçois le nouveau gage de mon respect et de mon amour; si ton cœur en est satisfait, tous mes vœux seront remplis.

—◦—

Autre.

Mon tendre Père, toi qui veillas toujours sur mes jeunes ans, reçois avec bonté ce petit cadeau; c'est le tribut des plus purs sentimens de l'amitié et de la reconnaissance. Quel beau jour! C'est celui de ta fête. Quels vœux ne dois-je pas former pour toi? O mon Père! comment pourrai-je m'acquitter de tout ce que je te dois? Je ne puis que t'aimer, je t'aime, et je t'aimerai toujours.

—◦—

D'un Enfant à son Grand-Papa ou à sa Grand'Maman.

Si vous n'aviez que quatorze ou quinze ans, pour célébrer un si beau jour, j'aurais fait une ample moisson des fleurs les plus fraîches et les plus éclatantes; mais comme ce n'est qu'à la jeunesse que Flore doit payer ses tributs passagers, je laisse à la main de la sagesse le soin de parer le front de la vertu.

Autre.

Ma bonne Maman, toi qui m'as donné deux fois la vie,
daigne accepter ces fleurs de ma main ; c'est pour toi que
la bonne petite-fille a marié leurs diverses couleurs ;
laisse-moi parer ton front blanchi par les ans avec cette
guirlande ; bonne Maman, c'est l'amitié de tes enfants qui
te la donne.

—◦—

D'un Enfant à sa Maman.

Un jeune enfant
Que peut-il offrir à sa mère
D'intéressant ?
Un cœur tendre et reconnaissant,
C'est toujours la fleur la plus chère ;
Il sait que ce présent doit plaire
A sa Maman.

—◦—

Des Enfants à leur Père.

De vos enfants acceptez cet hommage ;
De vos enfants n'attendez rien de plus :
Si nous voulions célébrer vos vertus,
Cela serait au-dessus de notre âge.

—◦—

Autre.

Pour nous est-il besoin de fleurs,
Lorsque nous fêtons un bon père ?
Zéphyr dissipe leurs odeurs,
Et leur éclat ne dure guère.

Mais l'amour, de tendres respects,
Et des yeux où le plaisir brille,
Voilà le plus beau des bouquets
Pour un bon père de famille.

— o —

A une Tante.

Les plus riches présents de Flore,
Le jasmin, la rose et l'œillet,
Du feu d'un cœur qui vous honore
Ne sont qu'un symbole imparfait :
Des fleurs, même la plus brillante,
Un jour la voit naître et mourir,
Mais mon amour, aimable tante,
Avec moi seul pourra périr.

— o —

A un Ami.

Ici je ne viens pas exprès
Te souhaiter ta fête;
Je n'apporte pas de bouquets
Pour en couvrir ta tête.
A ceux qui vont rire de moi
D'avance ma réponse est faite :
Pour des amis comme toi, comme moi,
Tous les beaux jours sont jours de fête.

LE CORBEAU ET LE RENARD.

Maître corbeau, sur un arbre perché,
Tenait dans son bec un fromage.

Maître renard, par l'odeur alléché,
Lui tint à peu près ce langage :
Hé ! bonjour, monsieur du corbeau !
Que vous êtes joli ! que vous me semblez beau !
Sans mentir, si votre ramage
Se rapporte à votre plumage,
Vous êtes le phénix des hôtes de ces bois.
A ces mots, le corbeau ne se sent pas de joie ;
Et, pour montrer sa belle voix,
Il ouvre un large bec, laisse tomber sa proie.
Le renard s'en saisit, et dit : Mon bon monsieur,
Apprenez que tout flatteur
Vit aux dépens de celui qui l'écoute :
Cette leçon vaut bien un fromage, sans doute.
Le corbeau, honteux et confus,
Jura, mais un peu tard, qu'on ne l'y prendrait plus

LA CIGALE ET LA FOURMI.

La cigale, ayant chanté
Tout l'été,
Se trouva fort dépourvue
Quand la bise fut venue :
Pas un seul petit morceau
De mouche ou de vermisseau !
Elle alla crier famine
Chez la fourmi sa voisine,
La priant de lui prêter
Quelque grain pour subsister

Jusqu'à la saison nouvelle :
Je vous pairai , lui dit-elle,
Avant l'août , foi d'animal,
Intérêts et principal.
La fourmi n'est pas prêteuse ;
C'est là son moindre défaut ;
Que faisiez-vous au temps chaud ?
Dit-elle à cette emprunteuse.
— Nuit et jour, à tout venant
Je chantais , ne vous déplaise.
— Vous chantiez ! j'en suis fort aise.
Hé bien ! dansez maintenant.

L'ENFANT DILIGENT ET L'ENFANT PARESSEUX.

Jacques n'avait que six ans, et déjà il aimait à aller à l'école. Dès que sa mère l'éveillait, il se levait et courait se faire laver et peigner. A l'école, il se tenait tranquille à sa place, et il écoutait attentivement ce que disait le maître. Quand on lui faisait une question, il répondait modestement à voix haute en regardant le maître.

Aussi le précepteur se plaisait-il à instruire Jacques, qui était généralement aimé de tous les autres enfants, et qui de plus apprit à bien lire en peu de temps.

Jean, au contraire, pleurait toujours quand il devait aller à l'école. Communément il venait trop tard, et manquait à faire la prière du matin avec les autres enfants. Lorsqu'on lisait, au lieu de prêter attention, il s'amusait à béer çà et là, ou bien à causer avec d'autres, et à leur faire des niches. Lorsque le précepteur racontait quelque chose, jamais il n'écoutait.

Jean ne plaisait point à ses camarades, et il resta un ignorant toute sa vie.

L'ENFANT DOCILE.

Henriette aimait fort les pommes, et elle en trouva un jour sous un arbre. Elle les ramassa ; mais elle n'osa en manger avant d'en avoir reçu la permission de ses parents.

Son frère survint, et ayant envie d'en manger lui-même, il lui dit que ces pommes étaient mûres, et qu'on pouvait hardiment les manger.

Mais Henriette répondit : « Et quand même elles seraient mûres, nos parents nous ont défendu de manger des fruits tombés des arbres, sans les en avertir. »

Henriette prit donc les pommes, les porta à sa mère, et lui demanda si son frère et elle pouvaient les manger. « Non, lui répondit sa mère ; aie toujours soin de m'apporter les fruits tombés, et n'en mange jamais. Je vais te donner, à toi et à ton frère, des pommes et plus mûres et d'un meilleur goût. »

Henriette fut charmée d'avoir obéi à ses parents, et elle sentit clairement combien il est avantageux de suivre leurs préceptes jusque dans les moindres choses.

LE PRIX DE LA COURSE.

Un homme qui avait deux fils les mena un jour dans un champ; et tirant de sa poche un gâteau, il leur dit qu'il le donnerait à celui qui arriverait le premier à une barrière placée à deux cents pas. Nos deux petits rivaux partirent ensemble au signal convenu, et se mirent à courir de toute la vitesse de leurs jambes.

Ils seraient arrivés tous deux en même temps au but, si le pied de Tommy n'eût glissé sur l'herbe, ce qui le fit tomber; et par cet accident, Henri, son frère, gagna le prix sans dispute. Son père lui donna le gâteau, ainsi qu'il l'avait promis. Henri le prit, mais il courut aussitôt en porter la moitié à son frère. « Si le pied m'avait glissé, dit-il, et que je fusse tombé, j'aurais été bien aise que Tommy me donnât de son gâteau ; ainsi, puisque cette disgrâce est arrivée à Tommy, je pense qu'il ne sera pas fâché d'avoir du mien. »

C'est ainsi que devraient se comporter tous les enfants. Il n'est rien de si juste que de faire pour les autres ce que nous voudrions que l'on fît pour nous-mêmes. C'est le véritable moyen de se faire aimer.

BONCŒUR, OU LA BIENFAISANCE RÉCOMPENSÉE.

Un garçon, nommé Boncœur, vit un homme qui avait l'air très-indigent et affamé. Il en eut compassion, et lui donna tout son déjeuner, en priant ses compagnons de lui faire encore part du leur. Quelque temps après, son frère et lui se mirent, à l'insu de leurs parents, dans un bateau qu'ils trouvèrent attaché au bord d'une rivière rapide. Ils s'y trémoussèrent tant que la nacelle se renversa. L'homme au déjeuner vit ce malheur, et courut aider ces enfants. Il était à même de choisir celui des deux qu'il voudrait sauver. Mais son petit bienfaiteur ayant frappé ses yeux, ce fut lui qu'il saisit le premier. En attendant, la rivière avait emporté l'autre trop loin, et ce

galant homme ne put point lui sauver la vie, quoi-
qu'il fit pour cela tout ce qu'il put.

Ce sont de ces choses qui arrivent souvent. Car la
bienfaisance nous procure, plus que toute autre chose,
l'amitié et la bienveillance des hommes, et non-
seulement de ceux que nous assistons dans leurs besoins, mais même celle des autres.

LES ENFANTS PLEINS D'AMOUR POUR LEURS PARENTS.

Le père de Charles et d'Eugénie tomba un jour
malade. Ces pauvres enfants en ressentirent la plus
vive douleur. Ils ne quittaient point son lit, et lorsqu'il désirait quelque chose, ils couraient le lui porter
avec les plus tendres soins.

Plusieurs fois, dans la journée, ils se jetaient à ge-
noux, et en répandant des larmes, ils priaient Dieu
de rendre la santé à leur père. Enfin le bon Dieu
exauça leurs ardentes supplications. Il leur rendit
leur père chéri qui se rétablit de cette dangereuse
maladie. Alors, ce père put donner de nouveau tous
les soins à l'éducation de ces bons enfants, qui en
profitèrent et furent heureux tout le temps de leur vie.

FIN.

Imprimerie de W. REMQUET et Cie. rue Garancière, n. 5.

www.ingramcontent.com/pod-product-compliance
Ingram Content Group UK Ltd.
Pitfield, Milton Keynes, MK11 3LW, UK
UKHW022038170726
13837UKWH00002B/664